I0053956

Matthias Fiedler

Concept de l'adéquation immobilière innovante: Simplifier le courtage immobilier

Adéquation immobilière: Le courtage immobilier simple, efficace et professionnel grâce à un portail d'adéquation immobilière innovant

Impressum

1ère édition sur papier | Février 2017
(Publié initialement en allemand, décembre 2016)

© Matthias Fiedler, 2016

Matthias Fiedler
Erika-von-Brockdorff-Str. 19
41352 Korschenbroich
Deutschland
www.matthiasfiedler.net

Composition et impression :
Voir l'imprimé sur la dernière page

Conception de la couverture : Matthias Fiedler
Réalisation de l'e-book : Matthias Fiedler

ISBN-13 (broché) : 978-3-9818618-8-4
ISBN-13 (e-book mobi) : 978-3-9818618-9-1
ISBN-13 (e-book epub) : 978-3-947082-93-3

Information bibliographique de la Bibliothèque nationale allemande : La Bibliothèque nationale allemande répertorie cette publication dans la bibliographie nationale allemande ; les données bibliographiques détaillées peuvent être consultées par Internet sur http://dnb.d-nb.de.

RÉSUMÉ

Cet ouvrage présente un concept révolutionnaire pour un portail international d'adéquation immobilière (app - application) avec le calcul d'un potentiel de chiffre d'affaires significatif (en milliards d'euros), ledit portail intégrant l'estimation immobilière dans un logiciel de courtage immobilier (potentiel de chiffre d'affaires en billions d'euros).

Celui-ci permet de proposer rapidement et efficacement des logements et des locaux commerciaux, que ce soit pour un usage propre ou en location. Il représente l'avenir du courtage immobilier innovant et professionnel pour tous les agents immobiliers et clients potentiels. L'adéquation immobilière fonctionne dans presque tous les pays et même de façon transnationale.

Plutôt que de « porter » les biens immobiliers à des acheteurs ou à des locataires, le portail d'adéquation immobilière qualifie les clients potentiels (profil de recherche), compare et met en relation leurs besoins avec les offres des agents immobiliers.

TABLE DES MATIÈRES

Préface   page 07

1. Concept de l'adéquation immobilière innovante:
Simplifier le courtage immobilier   page 08

2. Objectifs des clients potentiels de l'immobilier et
des fournisseurs de biens immobiliers   page 09

3. Procédures actuelles dans la recherche
de biens immobiliers   page 10

4. Inconvénient des fournisseurs privés / Avantage
des agents immobiliers   page 12

5. Adéquation immobilière   page 14

6. Domaines d'application   page 21

7. Avantages   page 22

8. Exemple de calcul (potentiel)   page 24

9. Conclusion   page 33

10. Intégration du portail d'adéquation immobilière
dans un nouveau logiciel de courtage immobilier
incluant les estimations immobilières   page 36

PRÉFACE

C'est en 2011 que j'ai étudié et développé le concept de l'adéquation immobilière innovante décrit ici.

Je suis actif dans le secteur immobilier depuis 1998 (entres autres dans le courtage, l'achat et la vente, l'estimation, la location et le développement de parcelles). Je suis, entre autres, agent immobilier agréé (IHK), diplômé en économie immobilière (ADI) et expert en estimation immobilière (DEKRA) ainsi que membre de l'association immobilière de la Royal Institution of Chartered Surveyors (MRICS), reconnue au niveau international.

Matthias Fiedler
Korschenbroich, le 31.10.2016
www.matthiasfiedler.net

1. Concept de l'adéquation immobilière innovante: Simplifier le courtage immobilier

Adéquation immobilière: Le courtage immobilier simple, efficace et professionnel grâce à un portail d'adéquation immobilière innovant.

Plutôt que de « porter » des biens immobiliers à des acheteurs ou à des locataires, le portail d'adéquation immobilières (app - application) qualifie les clients potentiels (profil de recherche), compare et met en relation leurs besoins avec les offres des agents immobiliers.

2. Objectifs des clients potentiels et des fournisseurs de biens immobiliers

Du point de vue du vendeur et du bailleur d'un bien immobilier, il est important de vendre ou de louer son bien rapidement et au meilleur prix.

Du point de vue d'un acheteur ou d'un locataire, il est important de trouver un bien immobilier qui réponde à ses besoins et de pouvoir acheter ou louer rapidement et sans problème.

3. Procédures actuelles dans la recherche de biens immobiliers

En règle générale, les clients potentiels examinent les biens immobiliers de la région de leur choix sur les grands portails immobiliers. S'ils ont créé un court profil de recherche, ils peuvent se faire envoyer par e-mail des offres immobilières ou une liste avec des liens vers des immeubles. Souvent, cela se fait sur 2-3 portails immobiliers. Ensuite, les fournisseurs sont généralement contactés par e-mail. Les prestataires ont ainsi le droit et la possibilité de se mettre en relation directe avec les clients potentiels.

De plus, les clients potentiels contactent sporadiquement les agents immobiliers de la région de leur choix et déposent toujours leur profil de recherche.

Sur les portails immobiliers se trouvent des prestataires privés et professionnels. Les prestataires professionnels sont principalement des agents immobiliers et en partie des entreprises de construction, des commerçants en immeubles et d'autres sociétés immobilières (dans le texte, les prestataires professionnels sont désignés par agents immobiliers).

4. Inconvénient des prestataires privés / Avantage des agents immobiliers

Lors de l'achat de biens immobiliers, une vente immédiate n'est pas toujours garantie du côté des vendeurs privés car, pour un immeuble hérité par exemple, il peut exister un désaccord entre les héritiers ou bien le certificat d'héritier peut fait défaut. De plus, des questions juridiques non résolues comme, entre autres, un droit de résidence, peuvent compliquer une vente.

Sur le marché de la location, il peut arriver que le bailleur privé n'ait pas reçu d'autorisation administrative, par exemple lorsqu'un immeuble commercial (une surface) doit être loué en tant qu'habitation.

Quand un agent immobilier opère comme prestataire, il a en général déjà résolu les questions susmentionnées. D'ailleurs, tous les documents immobiliers pertinents sont souvent déjà disponibles (plan de base, plan du site, certificat énergétique, registre foncier, documents administratifs etc.). - Par conséquent, une vente ou une location rapides et sans complications sont possibles.

5. Adéquation immobilière

Pour obtenir rapidement et efficacement une correspondance entre les clients potentiels et les vendeurs ou les bailleurs, il est en règle générale important d'offrir une approche systématisée et professionnelle.

Elle se fait au moyen d'une méthode inversée, autrement dit d'une procédure de recherche entre les agents immobiliers et les clients potentiels. Cela signifie que, plutôt que de « porter » les biens immobiliers à des acheteurs ou à des locataires, le portail d'adéquation immobilière (app - application) qualifie (profil de recherche) les clients potentiels de biens immobiliers, compare et met en relation leurs besoins avec les portefeuilles d'immeubles des agents immobiliers.

Dans un premier temps, les personnes intéressées créent un profil de recherche concret sur le portail d'adéquation immobilière. Ce profil de recherche comprend environ 20 caractéristiques. Entre autres, les caractéristiques suivantes (ce n'est pas une liste exhaustive) sont essentielles pour le profil de recherche.

- Région/Code postal/Lieu
- Type d'objet
- Taille de parcelle
- Surface habitable
- Prix de vente/de location
- Année de construction
- Étage
- Nombre de pièces
- En location (oui/non)
- Cave (oui/non)
- Balcon/Terrasse (oui/non)
- Mode de chauffage
- Place de parking (oui/non)

Il est important de ne pas saisir librement les caractéristiques, mais de cliquer sur, ou d'ouvrir, les zones de caractéristiques (par exemple type d'objet) à partir d'une liste proposant des possibilités/des options (par exemple pour le type d'objet : appartement, maison individuelle, entrepôt, bureau...) afin de sélectionner.

En option, d'autres profils de recherche peuvent être créés par les clients potentiels. Une modification du profil de recherche est également possible.

De plus, les personnes intéressées entrent leurs données de contact complètes dans les champs prédéfinis. Il s'agit des données suivantes : nom, prénom, rue, numéro de maison, code postal, lieu, téléphone et adresse e-mail.

Lors de la connexion, les clients potentiels donnent leur accord pour la prise de contact et

l'envoi de biens immobiliers appropriés
(présentations) de la part des agents immobiliers.

De plus, ils concluent un contrat avec l'opérateur
du portail d'adéquation immobilière.

Dans un deuxième temps, les profils de recherche
sont mis à la disposition des agents immobiliers
enregistrés au moyen d'une interface de
programmation (API - Application Programming
Interface) - similaire, par exemple, à l'interface
de programmation «openimmo» en Allemagne,
mais sans être encore visibles. À cet effet, il faut
noter que cette interface de programmation -
quasiment la clé de la mise en œuvre - devrait, en
pratique, prendre en charge tous les logiciels de
courtage immobilier existants, autrement dit,
garantir la transmission. À tout le moins, cela
devrait être techniquement possible. - Puisqu'il y
a déjà une interface de programmation, comme
l'interface de programmation «openimmo»

mentionnée plus haut, et d'autres interfaces de programmation dans l'agence, une transmission des profils de recherche devrait être possible.

Les agents immobiliers comparent leur portefeuille d'immeubles aux profils de recherche. Pour cela, les biens immobiliers sont importés dans le portail d'adéquation immobilière et les caractéristiques comparées et mises en relation.

Après l'exécution de la comparaison, on obtient une adéquation en pourcent avec les données correspondantes. - Avec une adéquation de 50 % par exemple, les profils de recherche sont visibles dans le logiciel de courtage immobilier.

Les caractéristiques individuelles sont pondérées entre elles (système de points), de sorte qu'après la comparaison des caractéristiques un pourcentage pour l'adéquation (vraisemblance de conformité) est obtenu. - A titre d'exemple, la caractéristique «type d'objet» a une pondération plus élevée que la caractéristique «surface habitable». De plus, des caractéristiques précises que ce bien immobilier devrait avoir peuvent être sélectionnées (par exemple une cave).

Lors de la comparaison des caractéristiques pour l'adéquation, il faut veiller à ce que les agents immobiliers vous donnent accès uniquement aux régions de votre choix (enregistrées). Cela réduit les frais de comparaison des données. Surtout que les agents immobiliers opèrent très souvent au niveau régional. - Il faut noter ici qu'un enregistrement et un traitement de grandes quantités de données est aujourd'hui possible grâce au dénommé «Cloud».

Pour garantir un courtage immobilier professionnel, les agents immobiliers reçoivent l'accès aux profils de recherche.

Dans ce but, les agents immobiliers concluent un contrat avec l'opérateur du portail d'adéquation immobilière.

Après la comparaison/l'adéquation, les agents immobiliers peuvent contacter les clients potentiels et inversement. Cela signifie aussi que, lorsque les agents immobiliers ont envoyé une présentation aux clients potentiels, une attestation d'activité ou un droit des agents immobiliers sur votre commission de courtage en cas de vente ou de location sont documentés.

Cela suppose que l'agent immobilier est mandaté par les propriétaires (vendeur ou bailleur) pour le courtage de l'immeuble ou qu'il existe un consentement par lequel l'immeuble peut être proposé.

6. Domaines d'application

L'adéquation immobilière décrite ici est applicable à la vente et à la location immobilière dans le secteur du logement et des locaux commerciaux. Pour les locaux commerciaux, des caractéristiques de correspondance supplémentaires sont requises.

Un agent immobilier peut aussi être du côté des clients potentiels, comme il est courant dans la pratique, quand il agit par exemple sur mandat du client.

Sous l'angle géographique, le portail d'adéquation immobilière peut être adopté dans presque tous les pays.

7. Avantages

Cette adéquation immobilière offre de grands avantages aux clients potentiels quand, par exemple, ils cherchent un bien immobilier dans leur région (lieu de résidence) ou dans une autre ville/région lors d'un changement professionnel.

Ils ne créent leur profil qu'une seule fois et reçoivent des offres immobilières adaptées de la part d'agents immobiliers actifs dans la région de leur choix.

Par conséquent, elle offre aussi de grands avantages aux agents immobiliers en ce qui concerne l'efficacité et le gain de temps pour la vente ou la location.

Ils obtiennent immédiatement un aperçu du potentiel de clients concrets pour chacune de leurs offres immobilières.

De plus, les agents immobiliers peuvent directement entrer en contact avec leurs groupes cibles pertinents (et aussi leur envoyer des présentations d'immeubles), ces derniers ayant donné des idées précises sur leurs choix immobiliers en créant leur profil de recherche.

Par conséquent, la qualité de prise de contact avec les clients potentiels, qui savent ce qu'ils cherchent, s'améliore. Ainsi le nombre de rendez-vous de visite d'immeubles diminue. - De même, la période de commercialisation se réduit pour les immeubles disponibles.

La conclusion du contrat d'achat ou de location se fait - comme de coutume - à la suite de la visite du bien immobilier disponible par le client.

8. Exemple de calcul (potentiel) – uniquement les logements et les maisons occupés par leurs propriétaires (sans les logements, les maisons et les locaux commerciaux loués)

L'exemple suivant montre clairement quel est le potentiel offert par le portail d'adéquation immobilière.

Dans une région de 250 000 habitants, comme la ville de Mönchengladblach, selon les données statistiques arrondies, il y a 125 000 ménages (2 résidents par maison). Le taux moyen de déménagements est d'environ 10 %. Donc, chaque année 12 500 ménages déménagent. - Le solde des arrivées et des départs à destination de ou à partir de n'est pas pris en compte ici. - Environ 10 000 ménages (80 %) cherchent à louer et environ 2 500 ménages (20 %) cherchent à acheter.

Selon le rapport sur le marché des terres du comité d'experts de la ville de Mönchengladbach, 2 613 acquisitions immobilières ont eu lieu en 2012. - Cela confirme le nombre d'acheteurs potentiels de 2 500 donné ci-dessus. En réalité, il y en avait plus car, par exemple, tous les clients potentiels n'ont pas trouvé leur bien immobilier. Le nombre de clients potentiels effectifs, ou, concrètement le nombre de profils de recherche est devenu deux fois plus élevé que le taux moyen de déménagements d'environ 10 %, c'est-à-dire 25 000 profils de recherche. Cela implique entre autres que les clients potentiels créent plusieurs profils de recherche sur le portail d'adéquation immobilière.

Il convient de préciser aussi, l'expérience le montre, qu'environ la moitié de tous les clients potentiels (acheteurs et locataires) ont trouvé leur bien immobilier par le biais d'un agent immobilier, donc au total 6 250 ménages.

Selon l'expérience, au moins 70 % de tous les ménages ont fait des recherches sur des portails immobiliers par Internet, donc au total 8 750 ménages (correspondant à 17 500 profils de recherche).

Si, dans une ville comme Mönchengladbach, 30 % des clients potentiels, c'est-à-dire 3 750 ménages (correspondant à 7 500 profils de recherche), créent leur profil de recherche sur le portail d'adéquation immobilière, les agents immobiliers pourraient y proposer chaque année leurs biens immobiliers adaptés grâce à 1 500 profils de recherche concrets (20 %) d'acheteurs potentiels et 6 000 profils de recherche concrets (80 %) de locataires éventuels.

Cela veut dire que, sur une durée de recherche moyenne de 10 mois et un prix de 50 € par mois, par exemple, pour chaque profil de recherche créé par des clients potentiels, il en résulte pour 7 500 profils de recherche un chiffre d'affaires potentiel de 3 750 000 € par année dans une ville de 250 000 habitants.

Si l'on extrapole à la République fédérale d'Allemagne avec environ 80 000 000 (80 millions) d'habitants, cela fait un potentiel de chiffre d'affaires de 1 200 000 000 € (1,2 milliard €) par an. - Si, au lieu de 30 % de tous les clients potentiels, 40 % cherchent par exemple leur bien immobilier sur le portail d'adéquation immobilière, le potentiel de chiffre d'affaires s'élève à 1 600 000 000 € (1,6 milliard €) par année.

Ce potentiel de chiffre d'affaires se réfère uniquement aux appartements et maisons à usage propre. Les immeubles de location ou immeubles de rendement dans le secteur du logement et dans l'ensemble de celui des locaux commerciaux ne sont pas compris dans ce calcul de potentiel.

Pour environ 50 000 entreprises en Allemagne dans le domaine du courtage immobilier (y compris les entreprises de constructions, les commerçants d'immeubles et les autres sociétés immobilières) avec environ 200 000 employés et une participation exemplaire de 20 % de ces 50 000 entreprises, qui utilisent le portail d'adéquation immobilière en moyenne avec 2 licences, il résulte, pour un prix exemplaire de 300 € par mois et par licence, un potentiel de chiffre d'affaires de 72 000 000 € (72 millions €) par année. En outre, un enregistrement régional devrait être fait pour les profils de recherche locaux de sorte que, selon cette conception, un chiffre d'affaires encore plus substantiel puisse être généré.

Les agents immobiliers n'auraient plus besoin, grâce à ce grand potentiel de personnes intéressées avec des profils de recherche concrets, d'actualiser en permanence leur base de données clients - le cas échéant. Surtout que ce nombre actuel de profils de recherche dépasse très vraisemblablement la quantité de profils de recherche créés par les agents immobiliers dans leurs bases de données.

Si ce portail innovant d'adéquation immobilière devait trouver une application dans plusieurs pays, les acheteurs potentiels allemands pourraient par exemple créer un profil de recherche pour des appartements de vacances sur l'île méditerranéenne de Majorque (Espagne) et les agents immobiliers de Majorque enregistrés pourraient de leur côté présenter par e-mail des appartements appropriés à leurs clients potentiels allemands. - Si les présentations envoyées sont écrites en espagnol, les clients potentiels peuvent aujourd'hui rapidement traduire le texte en allemand sur Internet à l'aide de programmes de traduction.

Pour réaliser la correspondance des profils de recherche avec des prestataires immobiliers dans plusieurs langues, il est possible d'effectuer une comparaison des caractéristiques dans le portail d'adéquation immobilière sur la base de caractéristiques programmées (mathématiques) - indépendamment de la langue - les langues respectives étant ensuite réattribuées.

Avec l'utilisation du portail d'adéquation immobilière sur tous les continents, le potentiel de chiffre d'affaires indiqué ci-dessus (uniquement les recherches de clients éventuels), au moyen d'une extrapolation simplifiée, représenterait ce qui suit.

Population mondiale :
7 500 000 000 (7,5 milliards) d'habitants

1. Population des pays industrialisés et largement industrialisés :
2 000 000 000 (2 milliards) d'habitants

2. Population des pays émergents :
   4 000 000 000 (4 milliards) d'habitants

3. Population des pays en développement :
   1 500 000 000 (1,5 milliard) d'habitants

Le potentiel de chiffre d'affaires de la République fédérale d'Allemagne à hauteur de 1,2 milliard € pour 80 millions d'habitants est extrapolé à l'aide des facteurs suivants adoptés pour les pays industrialisés, émergents et en voie de développement.

1. Pays industrialisés :   1,0

2. Pays émergents :   0,4

3. Pays en voie de développement : 0,1

L'on obtient donc le potentiel de chiffre d'affaires annuel suivant (1,2 milliard € x la population (pays industrialisés, émergents ou en voie de développement) / 80 millions d'habitants x le facteur).

1. Pays industrialisés :   30,00 milliards €

2. Pays émergents :   24,00 milliards €

3. Pays en voie
   de développement :   2,25 milliards €

   Total :   **56,25 milliards €**

9. Conclusion

Le portail d'adéquation immobilière présenté ici offre des avantages significatifs aux personnes recherchant des biens immobiliers (clients potentiels) ainsi qu'aux agents immobiliers.

1. Les clients potentiels diminuent notablement le temps qu'ils passent à rechercher un bien immobilier approprié car ils ne créent leur profil de recherche qu'une seule fois.

2. Les agents immobiliers obtiennent une vue d'ensemble sur le nombre de clients potentiels ayant déjà des souhaits concrets (profil de recherche).

3. Les clients potentiels ne reçoivent que les offres immobilières souhaitées ou adaptées (selon leur profil de recherche) présentées par tous les agents immobiliers (une présélection quasi automatique).

4. Les agents immobiliers réduisent les frais de maintenance de leurs bases de données individuelles concernant les profils de recherche car un nombre très élevé de profils actualisés sont à disposition en permanence.

5. Comme seuls les fournisseurs/agents immobiliers professionnels sont enregistrés sur le portail d'adéquation immobilière, les clients potentiels traitent avec des prestataires de biens immobiliers professionnels et souvent expérimentés.

6. Les agents immobiliers réduisent le nombre de visites d'immeuble et en général la durée de mise sur le marché. En contrepartie, le nombre de rendez-vous pour les visites diminue aussi du côté du client potentiel et le délai de conclusion du contrat d'achat ou de bail est raccourci.

7. Les propriétaires qui vendent ou louent des biens immobiliers gagnent également du

temps. En outre, un faible taux de vacance des biens immobiliers à louer et un paiement anticipé lors de l'achat d'immeubles grâce à une location ou une vente plus rapides présentent aussi un avantage financier.

Avec la réalisation ou la mise en œuvre de ce concept de l'adéquation immobilière, un progrès significatif a été accompli dans le courtage immobilier.

10. Intégration du portail d'adéquation immobilière dans un nouveau logiciel de courtage immobilier incluant les estimations immobilières

En tant que solution complète, le portail d'adéquation immobilière décrit ici peut, ou devrait, faire partie intégrante dès le départ d'un nouveau logiciel de courtage immobilier - idéalement exploitable dans le monde entier. Autrement dit, les agents immobiliers peuvent utiliser le portail d'adéquation immobilière soit en plus de leur logiciel de courtage immobilier, soit, dans l'idéal, avec le nouveau logiciel de courtage immobilier intégrant le portail d'adéquation immobilière.

Grâce à l'intégration de ce portail d'adéquation immobilière efficace et innovant dans un logiciel de courtage immobilier particulier, une caractéristique unique fondamentale est créée pour le logiciel de courtage immobilier, qui sera essentielle pour la pénétration du marché.

Puisque dans le courtage immobilier, l'estimation immobilière est et sera un élément toujours plus important, un outil d'estimation immobilière devrait absolument être intégré aux logiciels de courtage immobilier. L'estimation immobilière, avec les opérations de calcul appropriées, peut accéder par des liens aux données/paramètres pertinents à partir des biens immobiliers saisis/crées par l'agent immobilier. Le cas échéant, l'agent immobilier ajoute les paramètres manquants à partir de sa propre expertise de marché régionale.

De surcroît, il devrait être possible d'intégrer dans le logiciel de courtage immobilier un parcours immobilier virtuel du portefeuille d'immeubles qui sont proposés. Il pourrait, par exemple, être réalisé en mode simplifié, où une app (application) supplémentaire pour les téléphones mobiles et/ou les tablettes serait développée, qui après le lancement réussi du parcours immobilier virtuel intègre celui-ci en grande partie au logiciel de courtage immobilier, autrement dit, le connecte.

Pour autant que ce portail d'adéquation immobilière efficace et innovant soit intégré à un nouveau logiciel de courtage immobilier avec, en plus, l'estimation immobilière, le potentiel de chiffre d'affaires augmente encore considérablement.

Matthias Fiedler   Korschenbroich,
                                    le 31.10.2016

Matthias Fiedler
Erika-von-Brockdorff-Str. 19
41352 Korschenbroich
Deutschland
www.matthiasfiedler.net